JN438103

숲 속의 빈 터

박귀근 시집

을지출판공사

시인의 말

학창 시절에 써 두었던 글들은 많이 상실되었지만 26세부터 해 온 공직생활 30여 년, 긴 세월 동안 나름대로 고뇌하며 썼던 시들은 단풍잎처럼 곱게 간직되어 600편 정도 쌓이게 되었습니다.

작품성은 차치하고 펜을 세웠던 시간들의 노력만큼은 대견스럽다는 생각입니다만 대학 시절, 몇 번 신춘문예에 도전하여 낙선의 쓴 잔을 마신 추억들이 뒤늦은 등단의 밑거름이 되었습니다. 그로 인해 08년 1월 1일부터 4월 9일까지 100일 동안 단 하루도 거르지 않고 줄곧 108편의 시를 썼던 일이 저의 피나는 시에 대한 갈망인가 봅니다.

의도적인 시도는 아니었지만 지금 와 읽어보니 백팔번뇌를 쏟은 것 같은 내용이 부끄럽기 짝이 없지만 그마저도 시에 대한 성찰이었다고 저 자신을 격려합니다. 당시 주위에서는 세계적으로 전무후무한 일이지 않느냐 기네스북에 기록되어야 하겠다란 격려를 들었던 글들이니 그도 제 시사랑에 대한 칭찬이라 믿고 싶습니다.

허나, 막상 이제 간직했던 시들을 저를 대표하는 시집으로 묶으려고 뒤적거려보니 미비하기 짝이 없다는 생각이 들었지만 이 일도 어머니들이 자식을 낳을 때 겪게 되는 산고에 비유하고 이제까지 저를 지탱하는 신념을 키워준 문학에 대한 저의 사모곡을 한 편의 시로 고백하고자 합니다.

누가 뭐라고 해도

그대는 제게 있어
세상에서 가장 소중하고 귀한 존재,

비바람 헤치고 걷다가
간혹 그대 생각 잊거나
따가운 햇살 때문에

불가피하게 그늘 밑에
그대를 뉘이고 싶은 생각이
들던 날도 있었지만
가슴속 깊은 곳에
항상 그대를 위한
영원한 VIP석을 마련해 두었기에
다시, 그대 손을 잡을 수 있었답니다

그대 향한 뜨거운 이 마음
제대로 표현할 적절한 말을
생각하며 오늘도 긴 밤을 지새웁니다

저 사진같이
그대는 변함없는 제 엄지손가락입니다.

2010년 6월에

저자 박귀근

차례

박귀근 시집|숲 속의 빈 터

박귀근 시집|숲 속의 빈 터

징검다리-둘

함께 더불어 사는 세상

징검다리-셋
세상사 엿보기

박귀근 시집|숲 속의 빈 터

징검다리－넷

사랑학 개론

징검다리―다섯

물구나무서서 바라본 유럽 배낭 여행기

징검다리－하나

자연의 품속에 안길 때가 가장 행복하다

할배와 손주

상수리나무 굽은 등을
쪼르르르
오르내리며
콧잔등에
송골송골 맺힌 땀방울
아랑곳없이
자그마한 귀여운 손으로
요리조리 긁어드리고 있는
효성이 갸륵한
다람쥐 녀석

눈을 지그시 감은
할배의
평온에 겨운 흐뭇한 미소
연이어
어허, 시원하구나!

앙증맞은 모습으로
알랑방귀 재롱까지 부려드리면
허리춤에 몰래 감춰두었던

잘 익은 도토리 한 알 꺼내
넌지시
손주 손에 쥐어주는
너그러우신 할배.

한가위소묘

두둥실 둥그런 달
휘영청 보름달이 떴네

달빛 조명, 비로 내리면
출렁이는 황금물결 넘쳐흐르고
허수아비의 허술한 감시에
참새들은 포식했는지
부른 배 부둥켜안고 나무에 앉아
달 구경하다 말고 꾸벅꾸벅 졸고 있네
하루 종일 앉지도 못하고 선 채로
한창 불붙은 단풍놀이에
푹 빠져 즐기느라
숲 속 나무들 꽤나 피곤했던가
달빛에 샤워하느라 정신들이 없네
밤나무들은 바람이 귀찮을 정도로
치근대며 흰수작을 걸어와도
입 굳게 앙다물고
아무런 대꾸조차 하지 않다가
대보름달의 아름다운 자태를 보고
그만 한눈에 반해

벌린 입 다물 줄 모르네
늘 서슬 퍼런 절개
자랑하던 대추나무들도
한가위의 축제 분위기에 휩쓸려
숨어서 몰래 거나하게
몇 잔 걸쳤는지 얼굴 불콰하네
어느새 달나라에 달려간
토끼들이 쿵더덕 쿵 떡방아 찧네

시선(詩仙) 이태백님!
술 한 잔 그리워 달빛 타고 내려오시네.

나목 앞에서

어제 이어
오늘도
말없이 여기 장승처럼 서 있다

여기저기서 들려오는
시기하며 헐뜯는 소리
남의 탓인 양 불평불만해대는 소리
낯간지럽게 자화자찬하는 소리
비굴한 자세로 아부 아첨하는 소리
비난과 비방으로 얼룩진 소리
음흉한 음모 꾸미며 쑥덕거리는 소리
시끌벅적
왁자지껄
뒤엉켜 어지러운 소리들

보아도 못 본 척,
들어도 못들은 체하며
오늘도 살랑거리는 바람 소리만 내 귀에 가둔다.

불영계곡의 한나절

앞서 가는 그림자 놓칠 새라
다정하게 깍지를 끼고서
흐르는 계곡물, 시샘 날만큼 부럽다
발걸음 멈추고 강가에 서서
매끈한 조약돌로 물수제비 휙휙 날려본다
퐁 퐁 퐁 물잠자리들로 변하더니
무더위에 지쳐 멱 감으려는지 잠수해 버린다
정강이까지 바짓가랑이 걷어 부치고
시원하게 흐르는 강물로 들어서서
허릴 굽히고 다슬기를 줍는다
윗옷은 말할 것도 없고
온몸이 그대로 흠뻑 물에 젖고 만다
이왕에 적신 몸 철퍼덕 바닥에 주저앉아
그리운 고향의 옛 정경 속으로 들어가
어릴 때처럼 물장구를 친다
하루도 쉬지 않는 물놀이에
싫증이 난 피라미 떼가 몰려들어
간지러움 태우면서 장난을 건다
강물이 계곡의 손을 잡고 왈츠를 추는 걸까
바위들이 덩달아 일어서서 열병식을 한다.

해바라기

울림은 언제나
가장 낮은
건반부터 시작된다

크리스티 경매장
볼모로 잡힌
빈센트 반 고흐의 눈빛이
작열하는 폭염 아래서
오열한다

손이 한 번씩 올라갈 때마다
달아오르는
욕망의 열기만큼
더 뜨겁게 까무러치는
정오의 들녘

저 멀리
오솔길에서
출렁이는 금빛 물결 속에서
화가의 얼굴 같은
목마른 태양이 걸어 나온다

기다림은
언제나 나의 몫이라며
야위어가는 몸짓으로
까맣게 타들어가던
해바라기 가슴에 불이 켜진다.

동 백

바람 난 섬 처녀들
한꺼번에 몰려나와
웅성 웅성거리면

어찌 그리 모두 예쁜지
딱히
누가 더 예쁘다고
대놓고 말 못하는 속내

누구를 지목하여
네가 제일 예쁘다 말하는 순간
몰매 맞을 것 같아
그저 예쁜이에게 눈빛만 보내도

답신일까
내뱉는 향기
숨이 갑자기 멎는다

딱따구리

오늘도
한 마리 새가 되어
밤낮을 가리지 않고
문학의 숲 속에서
시의 둥치를 쪼아대고 있습니다
빛나는 시어(詩語)의 알갱이를
제대로 찾게 될 수 있을 때까지
유난히 긴 부리가
마침내 다 닳아 없어질 때까지

딱!
따따따따따따따
따따따따따따따
딱!

조탁하고 있습니다.

눈 내리는 밤에

밤하늘 별들도
꿈길의 아이들도
엄마품으로 파고들면
하늘의 선물처럼 하얀 눈이 내린다

눈이 오면
심술궂은 바람도
손님이 오시는 줄 미리 알고
조심스레조심스레
어디론가 자릴 피해준다

하늘의
학이 깃털 뽑아
지상의 이불을 만들려나 보다

목화밭
천사들도 목화를 따서
송이송이 내려 보낸다

밤새도록
세심한 마름질로

큰 이불 작은 이불
쉬지 않고 만들어 덮는다.

까치의 부탁

배고파요
겨울을 보내려면 꼭 필요한 식량이에요

저 감나무 꼭대기에 달려 있는
홍시 몇 개 따지 말고 남겨주세요
조상님들 지혜 그만 잊으셨나요
뭐라구요! 너무 높아서
힘들고 귀찮아 그냥 둔 걸 거라구요
다른 생명까지
염려하고 배려할 줄 아는
따뜻한 속정 모르는 그런 말들
어찌 함부로 하시는 건가요
땀 흘린 밤이나 잣, 호두 남겨 달라
분수없는 부탁 하지 않을께요
그냥 저절로 매달린 도토리나 알밤 몇 개
조금만 남겨주세요

해충도 없애주고 노래도 불러드리니
우리들을 배려는 해 주셔야지요.

눈사태

연이틀 동안
정체불명의 점령군들이
기습적인 파상공세 해오고 있습니다
하얀 스키복으로 감쪽같이 위장한
훈련된 공수부대 요원들이
6 · 25전란 때 인해전술로
밀어닥친 중공군처럼 무리 지어
꼬리에 꼬리 물고 침투하고 있습니다
백두에서 한라까지
단숨에 점령해버릴 엄청난 기세로
빌딩숲 도시와 작은 두메산골 가릴 것 없이
기세 등등 섬멸작전
대대적으로 전개하고 있습니다

저들만의 음어로 교신 주고받으며
지상으로 낙하산 펼치며 날아들고 있습니다

어찌하면 좋습니까
나라가 완전히 점령당해 버리면 어찌 되는 겁니까.

채송화

꽃병이나 수반에
당당하게
꽂힐 기회 마다하고
화분에 앉을 좋은 기회마저
선뜻 양보하고
꽃밭 안으로 들어설 기회도
극구 사양한
너!

꽃밭 둘레를
등불처럼 환하게 밝히는 색상지.

덕유산 충고

아무리 눈이 내려 쌓였기로서니
곤돌라를 타다니 웬 말인가
비록, 명산으로는 네 번째지만
노약자나 신세 지는 물건에,
얼마나 마뜩찮은 일인가
내 품에 안겨보겠다고
찾아오는 기특한 마음들이야
어쨌거나 좋구먼
자네들이 거기서 내리면
수행비서인 설한풍 마중 보내
정중히 맞이하라 일러두었네만
편한 값은 톡톡히 치러야 할 걸세
내려갈 때는 힘들고 어려운 오솔길,
무사히 갈 수 있도록 배려는 하겠네
그래도 명색이 내 집 방문 아니던가
허나, 만만하게 보았다간 큰 코 다치네

올라올 때 보다는
내려갈 때가 더 어려운 법이라네.

기상이변

- 1 -

엄청나다

폭포수처럼 쏟아진다

단숨에 집어삼킬 기세로
그칠 줄 모르고 펑펑 내리 퍼붓는다
삽시간에 길이란 길은
모두 하얗게 지워지고 말았다
이내 교통대란에
갈팡질팡 몸살이다
평소 잘난 척
목에 힘주고 으스대더니만
우왕좌왕 어찌할 바 모르고
정신 줄마저 놓으려는 사람들

- 2 -

지구의 허파,
열대지역 숲들이

누군가의 매질에 슬금슬금
어디론가 하나 둘
자취를 감추면
지구가 한증막이 되는 걸 모른다

저 멀리 북극과 남극에서
체감온도를
묵묵히 유지하던 빙벽들이
버티지 못한다
더 이상의 횡포
가녀린 몸으로 감당할 수 없다고
바닷물 속으로
자진을 한다 자진을

자연을 함부로 파괴하고 혹사시킨 대가
어떻게 달리 대처할 방법은 없을까.

멸종위기 동물들에게

영원한 청년 윤동주 시인처럼
그립고 정다운 이름들
다정하게 하나하나 불러봅니다

곰, 늑대, 대륙목도리담비, 사향노루, 산양, 삵, 여우, 하늘다람쥐, 까막딱따구리, 아물쇠딱따구리, 큰오색딱따구리, 말똥가리, 검은등뻐꾸기, 되지빠귀. 새매, 붉은새매, 잿빛개구리매, 참매, 소쩍새, 큰소쩍새, 원앙, 청호반새, 크낙새, 황조롱이, 쇠황조롱이, 구렁이, 누룩뱀, 대륙유혈목이, 무자치, 살모사, 까치살모사, 실뱀, 줄장지뱀, 북방산개구리, 아무르산개구리, 도룡뇽, 꼬리치레도룡뇽, 두꺼비, 물두꺼비, 가시고기, 금강모치, 돌상어, 둑중개, 새미, 산천어, 어름치, 열목어, 깊은산부전나비, 바둑돌부전나비, 쐐기풀나비, 신선나비, 대왕팔랑나비, 독수리팔랑나비, 산은줄표범나비, 홍줄나비,

불러볼수록 아쉬운 이름들입니다.
어느새 하나, 둘,

우리 곁을 무정하게 떠나가니
늦었지만 지금이라도
간절히 애원해서 꼭 붙잡아둬야 할 일 아닌지요.

청계산 정경

입산통제 감시하던 참새들,
은밀한 교신 주고받더니
낯선 불청객들의 미심쩍은 발걸음
경쾌한 휘파람으로 통과신호 보내준다

호들갑스레 핀
산 벚꽃 헤픈 웃음으로
농염한 자태 다투며 반색을 한다

다람쥐들은
나무 타는 묘기
보아 달라고 수선을 피운다

산 속에 은둔하던
도라지, 더덕, 고사리, 곰취나 산나물까지
수상한 침입자들 발자국소리를 반긴다

시샘이나 자리다툼
아랑곳 않는
진달래, 노랑붓꽃, 참개별꽃,

현호색, 앵초꽃……
온갖 뫼 꽃들이 어서 오라 줄지어 인사를 한다.

꽃들에게 보내는 사과문

미안하다

봄가을, 심지어 여름 무더위 겨울 눈비 맞으면서 계절이 바뀔 때마다 고운 자태 함박웃음으로

달려 나와 반기며 들락거리는 바람 편에 향기엽서 전해 주었어도 공연히 심술궂은 표정 짓고 너희들 친절 외면하기 예사였다 이웃들과 하찮은 일로 아옹다옹 다투며 우거지상 펴지 못한 채 늘 어정쩡 사는 것도 모자라 웃으며 살자고 애원하는 너희에게 우울한 분위기만 전염시킨 것 같아 후회하면서 머리 숙여 사과한다

꽃들아! 정말 미안하다 너희들 볼 면목 없으니 괜찮다 말 좀 해 다오.

하나, 둘... 찰칵!

촛대바위에 내려앉아
날개 접고
부리를 정답게 맞대며
사랑을 나누는 갈매기 한 쌍,

가을동화 촬영지
추암 해수욕장에서
마지막 기념사진 찍으려고
애써 미소를 짓고 있는데
무엇이 못마땅한지
허연 이빨을 드러낸 파도가
으르렁거리며 집어삼킬 듯 몰려온다

훤칠한 해송이
저도 같이 찍어달라며
손짓하다 말고 언덕에서
뒷짐을 지고 느릿느릿 내려온다

성미 급한 셔터가 발을 동동 구른다.

파 도

왜 나를 가로막는 거냐

정든 고향으로 되돌아가련다
예전의 내 모습 그리워진다

시냇가 지나
개울 지나
도랑 건너
되돌아가고 싶다
강물처럼 다시 유유히 흐르고 싶다

갇혀 있기
답답해
가끔은 호수가 되어
아름다운 풍경을
가슴에 안고 명상에 잠기고도 싶다

텅 빈 바다 지키는 노릇
외롭고 쓸쓸해
견딜 수가 없을 거란다

떠나지 말아 달라
옴짝달싹 않고 온몸으로 버티며
바위들이 한사코 길을 막는다

……

바위야!
갔다가 다시 돌아올 테니 비켜 다오
제발 뭍으로 한 번만 오를 수 있게 해 다오.

징검다리－둘

함께 더불어 사는 세상

독 도

가난한 집안의 막내둥이로 태어나
따뜻한 손길
그윽한 눈길 한 번
제대로 받지 못하고 자란 저를
제가 생각해도 눈물이 앞을 가리는데
옆 동네 아저씨가 툭하면 자기 피붙이라고
놀려대는 바람에
창피하기만 한 저를 어쩌면 좋을런지요
부모형제 엄연히 있는데
조금 소홀하다 싶으면
도마에 저를 올려놓고 놀리곤 합니다

누가 이렇게 기구하고 박복한 처지에
놓여본 적 있었던가요
저를 우습게 보는 까닭
어디에 있나 곰곰 생각해보니
강제이혼으로 남과 북으로 갈라져
걸핏하면 얕보고
자기 자식이라고 우겨대는 것 아닌지요

어머님, 아버님!
두 분께서 그만 손잡으시면 안 될까요

제 호적, 얼마나 정확합니까.

때

냇물이 뒤를 줄곧 미행하고 있다

빨리 걸을라치면 잰걸음으로
천천히 발길 옮기면 느릿느릿 뒤쫓아 온다
동태를 예의 주시하며
행여 놓칠 새라 바짝 달라붙는다
스토커다
계속 뒤따라 쫓아오며
몸 깨끗하게
마음 정갈하게
맑은 물에 씻고 가라며 채근한다
지금도 늦지 않으니 잘 헹구고 가란다

부끄럽고 쑥스러워
얼굴 똑바로 못 들고
고개 푸욱 숙인 채
한시 바삐 계곡을
벗어나기에 몸과 마음 급급했다

들어야 할 말은 새겨듣지 않고
감언이설에 솔깃했던 귀,

보아야할 것 제대로 못보고
보지 말아야 할 것에 혈안이 되었던 눈,
칭찬과 격려 제쳐두고
험담과 비난 퍼부었던 입,
제 몸, 악취는 모르고
남의 냄새 흉보려했던 코,
음흉한 생각 품었던 머리와 마음,
남의 것 탐냈던 손,
가지 말라 말리는 곳으로
어깃장 놓고 향하던 발 길,
허욕, 색욕, 물욕, 식탐, 명예욕,
때 때 때 ....
분명 얼룩말을 닮아가고 있을 거다

허나, 오늘 깨끗이 씻으면 내일부턴 때가 끼지
않으려나!

어떤 아이들

강을 가로지른 두 밧줄에 목숨 걸고
위쪽 밧줄은 손으로 꼭 붙잡고
아래 밧줄엔 맨발 가지런히 놓고
매일 서커스 줄타기 하며 등교하는 아이들
강물로 떨어지지 않을까 떨렸겠지만
익숙해지면 도리어 신나는 아이들

예쁜 운동화 신고 뛰면서 등교하는 아이
자전거 타고 휘파람 불며 등교하는 아이
버스 타고 꾸벅꾸벅 졸면서 등교하는 아이
뱀 닮은 지하철 타고 동굴 지나 등교하는 아이
멋진 자가용 타고 음악 들으면서 등교하는 아이
편안하고 행복한 문명의 아이들아!

저 지구촌 오지마을,
오늘도 맨발로 엉거주춤 벌 서며
매일 학교로 향하는 어떤 아이들을 기억해 다오!

해 녀

연세 생각해서
바다에 들어가는 일, 이제 그만 두세요

이 보게나 젊은이 뭔 소리여!
지금껏 목숨 부지할 수 있었던 것은
내가 열아홉부터 배워 몸에 익힌
바다에 들어가 물질하는 일 말고는 없어!
사는 보람과 기쁨을 주는
유일한 소일거릴 그만 두라면 쓰것는가
어부였던 두 아들 한꺼번에 앗아간
한 서린 야속한 바다
두 번 다시 쳐다보기 싫지만
여길 절대 못 떠나!
자식들이 저기 있는 걸
어쨌거나 날 걱정해주니 너무 고마우이
내 입 하나 풀칠하려고 물질 하는 건 아녀
남이 흉 볼진 몰라도 그게 뭐 그리 대수인가
몸 져 자리에 눕지 않는 한
자식들과 청춘을 바친
저 바다에 내 육신을 맡길 수밖에 없구먼!

전철에서 희망을 찾았다

오늘도 소박한 일상을 위해
붐비는 군상 속으로 겨운 몸을 디민다
검은 고무판을 돌돌 말아 동여매고
절단되어 버린 두 다리 대신,
두 손에 두툼한 면장갑을 끼고서
희미해져가는 희망을 찾아보려
밑바닥으로 뱀처럼 기어 본다
측은한 눈빛의 몇몇 사람은
동전이나 지폐를 건네주며
어쩌다 그리 되었는지 동정하가나
조롱이나 경멸스런 눈초리도 건넨다
시선엔 아랑곳하지 않고
행여 누군가 흘린 꿈 조각이 떨어져 있나
구두와 구두 틈새 살피는데 정신이 아뜩해진다
저들은 꿈을 모두 완성시켰을까
아무것도 눈에 띄는 것이 없다

코에서 문득 민들레 향기가 난다

아! 내겐 고향이 있었구나!

맷 돌

전원을 켜고 버튼 누르면
찌꺼기 없이 곱게 갈아내는 편리한 세상
그래도 옛것이 최고라며
재래시장 모퉁이에서
희망의 콩을 갈고 앉은 할머니 한 분,
짓무른 눈가에 젖어 피는 아침이
봄눈 가지의 꽃등처럼 매달린다
외투 깃 들추는 칼바람에
속살 여미는 눈빛으로
한 번쯤 내려놓아도 좋을 회한의 상처
심술궂은 발길질에 채어
온몸에 오슬오슬 한기가 돋아도
잠시라도 떨어져서는 살 수 없다는 듯
살이 다 닳아 없어질 때까지
삶의 고통 비벼야 한다며
지칠 줄 모르고 한사코 돌리는 주름잡힌 손

돌아가는 맷돌 따라 봄은 오겠지.

화두(話頭) 만들기

나 누리리라에서 리자 하나만
앓던 이 뽑듯 빼 버려보자
나누리라! 이웃들과 함께...
단연 이 시대의 화두로 삼아야 할 말이다
모든 것을 이웃과 함께 나누리라!
혼자서 몰래 누리던 예전의 나 누리리라는
탐욕스럽고 이기적인 사고방식,
나 자신도 버리며 살아가리라 다짐한다

허욕에서 벗어난 듯 생각만으로도
마음이 홀가분하고 편할 수가 없다
꼭 필요한 범위에서만
최소한으로 소유하고 아껴 나누련다

글을 쓰거나 말을 할 때도
군더더기를 없애는 법을 배워가련다
아무리 힘겹고 버겁더라도
묵묵히 참고 이웃과 함께 내 모든 걸 나누리라.

애마를 공개합니다

자랑할 것은 별반 없지만
다른 것은 모두 다 제쳐두고
어쩌다 보니 자가용만큼은
제법 그럴싸한 것을 소유하게 되었습니다
그랜저 부럽지 않습니다
에쿠스 전혀 부럽지 않습니다
벤츠 같은 것은 더 더욱 부럽지 않습니다
숨겨놓은 자가용을 이용할 때마다
괜스레 이웃에게 알려져
소문나지 않을까 주위를 살폈답니다
한 자락 깔고 바라보려는
이웃 눈에 띄지 않는 일이
나들이할 때 무척 성가시고 힘든 노릇이더군요

입방아 두려움보다는
떳떳한 사치품이란 생각이 들어
즐겨 타고 다니는 멋진 애마를 공개합니다

바로 B. M. W.입니다.

* B.M.W. - bus, metro, walking.

행복학 강의

행복하게 산다는 게 뭐 별건가

가까운 주위사람들에게
아쉬운 소리나 싫은 소리 하지 않고
피해나 불편 끼치지 않고
그냥저냥 생긴 깜냥대로 살면 되는 것 아닌감유
지청구 같은 건 멀리 두고
손가락질이나 눈총에 쓰러지지 말고
분수에 맞춰 순리대로 살면 되는 것 아닌감유
죽이든 밥이든 세 끼 잘 챙겨먹고
비 오는 날이나 눈 내리는 날,
후련하게 속내 나눌 수 있는 친구 불러
우스개나 노닥이면서
김치찌개에 막걸리 한 사발 쭉 들이키면
더 이상 욕심내고 부러워할 것 무에 있남유
남 눈치 볼 필요 없이 살아야쥬
때로 지루하면 구름이나 바라보면서
담배 한 개비 피워 물고
허 허 헛웃음 크게 웃고 툭툭 털면 되질 않겠남유!

도편수

앞에서는 최고 도편수라 치켜세우더니
돌아서서는 끼리끼리 작당하여
갖은 험담과 모함을 해대는 줄
전혀 알지 못하다가 뒤늦게 눈치를 챘다
언성 높여 똑바로 지시해도
이제는 영(令)이 제대로 서질 않는다

이(耳) 목수는 제가 들은 대로만
목(目) 목수는 제가 본 대로만
구(口) 목수는 제 입맛에 맞는 대로만
비(鼻) 목수는 제가 맡은 냄새대로만
두(頭) 목수는 제가 생각한 대로만
심(心) 목수는 제가 느낀 대로만
수(手) 목수는 제 손에 익숙한 대로만
족(足) 목수는 제가 직접 밟아보았던 길로만

사공이 많으면 배가 산으로 오른다더니
모두가 도편수라 책임 또한 가볍다
잃은 것이 있으면 얻는 것도 있다.

* 도편수: 집질 때 책임지고 일을 지휘하는 우두머리 목수.

촛불, 독지가를 떠올리며

허참, 어떻게 이리 황당할 수 있나 말일세
소문과 달리 자린고비보다 더한 구두쇠로구먼
스크루지 영감보다 더 지독한 수전노일세
혼자 있을 때는 두 개 촛불을 켜놓고 있더니만
글쎄 손님인 내가 들어서자
한 개 촛불을 급히 꺼버리는데 말이야
오늘 기부금에 대한 얘긴 아예 꺼내지도 말라는
사전에 계획된 의도적인 행동이 아니고 뭐란 말인가
원래 부자가 돈에 더 인색하다더니
실상과 허상은 차이가 많은 것 갔네 그래
가끔 연례행사처럼 기부금을 내는 것도
재벌에 대해 쏟아지는 비난의 눈총과 지탄을
피하려는 계산된 얄팍하고 역겨운
술수인 것만 같으이
"여기 백만 달러, 좋은 일에 보태 쓰시기 바랍니다
나이 탓에 지금 책을 읽는데는
눈이 침침해서 촛불이 두 개 필요했었는데
두 사람 대화에는 촛불 한 개만 있어도
충분하다는 생각에 촛불 하나를 껐습니다."

의심이 죄였어! 뜨거운 눈물이 피잉 돌더구먼.

칼

지금 대장간으로 달려가서
아주 특수한 칼을 주문하리라

고개를 숙여야 할 자리에선
공연히 목에 힘을 빳빳이 주고
고갤 치켜들어야 할 자리에선
잔뜩 주눅 들어 자라목이 되는,
평소에 쓸개 빼서
전당포에 통째로 저당 잡힌 채
이 눈치 저 눈치 살피면서
비굴한 자세로 살아가고 있는,
줏대 없는 나를 위협할
날이 여러 개 달린 특별한 칼을 준비하리라

고개 들 땐 위에
고개 숙일 땐 아래에

날을 빛나게 갈아
어리석음을 깨치게 하는 죽비로 대신하리라.

그 물

모두들 두 눈 똑바로 뜨고
세상바다에 그물을 던진다

어부라면 싱싱한 물고기를 잡기 위해
상인이라면 높은 이윤을 남기려고
운동선수라면 최선 다한 승리를
하물며, 도박사일지라도 두둑한 판돈을
정치가라면 최고의 지지자들을
학문을 하는 학자나 과학자라면
독보적인 특별한 연구발표가 소망일 것이다

시인이라면 빛나는 시어(詩語)일진데……

언제쯤이나 나도 시인으로서
모든 이의 심금을 찡하게 울려 주려나

나름대로 힘을 다해 투망질을 해 봐도
번번이 올려보면 텅 빈 그물,
가슴이 늘 허전하다.

한바탕 웃음거리

글쎄 이 세상에 돈 싫어하는 사람
혹여 어딘가 있을진 잘 모르겠습니다
떼쓰며 보채던 어린아이도
지폐 한 장 손에 쥐어주면
언제 그랬느냐고 울음 뚝 그친다더군요
오늘 제가 여러분들께
그냥 오천만 원씩 나누어 드리겠습니다
다소간 성에 차지 않는 분도 계시겠지만
보통으론 상당한 액수일 것입니다
조건이나 제약도 없고
이자는 물론 원금마저도
돌려주지 않아도 되는 것입니다
어디에 쓰시던지
눈치 보지 말고 받아 가시기 바랍니다

아! 그걸 강아지들이 냄새도 안 맡고
아예 입에 댈 생각도 안한다구요

사람만 꼬릴 치며 좋아하는 종이인 걸 안다구요
그럼 이걸 종이로 보시는 분 손들어 보세요.

소처럼

위협적인 뿔을 두 개나 갖고 있지만
웬만해서는 함부로 사용하는 법이 없는 너,
커다란 입을 갖고 있지만 흉을 보지 않고
부리부리한 큰 눈을 가졌으면서도
남들의 약점을 못 본 체 하는 너,
채찍처럼 길고 힘센 꼬리를 가지고 있으면서도
쇠파리가 무리 지어 우르르 몰려와도
아무렇게나 세차게 휘두르지 않는 너,

기껏해야 툭툭
건성으로 꼬리 흔들어
알아서들 물러가라 점잖은 선비님 같은 너,

우직하고 너그러운 비법 어디에 있는지
내게만 살짝 가르쳐 다오.

구수한 사연

\- 1 -

뒷골목 허름한 그 국수집
좀체 내겐 잊혀지지 않는 곳이다

비좁은 주방 안엔 냉장고와
찌그러진 양은솥, 기구 몇 개
고작 탁자 네 개가 전부인 시설로
이십오 년 한결같이
연탄불로 뭉근하게 우린 멸치 국물에
맛깔스러운 국수 찾는 단골 위해
십 년 넘게
국수 값 이천 원
면은 항상 공짜다
철칙이라면 국수는 절대 남기지 마라!
음식 남기면 천벌 받는 법이라는
무서운 말 한 마디로 버티신다

\- 2 -

사기당한 사업가 한 사람이
재산 모두 날려버리고
행복한 가정 물거품 되어
술에 취해 쓰러져 잠든
그를 두고 종적을 감춘 아낼 찾으러
이역 저역 맴돌며 떠도는 신세로 전락해
구걸밖에는 아무것도 할 수가 없게 되었다

날마다 문전박대 소금세례는
그의 분노를 키워
휘발유를 뿌릴까
푸대접한 식당을 발길질만 해댔다

\- 3 -

뒤틀린 심사를 키워갈 즈음
우연히 발길 닿은 그 집
도망가기 쉬운 자리에서 국수를 시켜

계걸스럽게 먹는 그를 바라보던 할머니
그릇을 다짜고짜 빼앗아가는 게 아닌가

국수를 한 그릇 더 말아 주신다

허겁지겁 그걸 다 비운 그가
고맙다는 말조차 없이 줄행랑을 친다

- 4 -

뒤쫓아 나오시던 할머니
등 뒤에 넌지시 건넨 말 한 마디,
증오와 적개심이
햇살에 눈 녹듯 녹아내렸다

"급하게 뛰지 말고 천천히 가라구!
그러다가 넘어져 다칠라!"

감동의 그 말씀,
총알처럼 내 가슴에 박혀 있다.

만우절 호외(號外)

가자! 북쪽으로
날레 오시라우 여기야요!

한라, 백두대간 고속도로에 현수막이 휘날린다

"구체적인 연방통일안이
오늘 전격 발표되어
남과 북은 하나가 되었습니다."

너와 나 서로 얼싸안고
손에 손을 잡고
골목에서 거리로 뛰쳐나와
목이 메어 노래를 부른다

가자우! 남쪽으로
어서 오세요 여기예요!
허공을 가르는
함성의 메아리 울려 퍼진다

금수강산 만만세!
푸른 하늘에선 비둘기들이 춤을 춘다.

날개 없는 천사 이야기

인생은 너나없이
고해라는데
일신의 영화가 급급한
아수라장이라는데
친자식들에게마저 냉정하게
외면당한 노인들을,
한 둘 아닌
자그마치 서른여섯 명이나
버림받은 기구한 그들을,
피붙이같이 따뜻한 정으로
감싸 안고 슬픔을
나누는
당신은 지상의 천사님.

* 서정순 할머니(72세): 자녀를 모두 결혼시키고 작은 식당 운영으로 불우한 노인들 36명을 손수 뒷바라지 하는 일흔둘의 욕쟁이 할머니.

눈사람

야멸차고 냉정하고
정 없는 이기적인 사람이라고
저를 너무 몰아세우진 마세요
고매한 인격도 없고
따뜻한 마음도 없는 하찮은 존재
누굴 위해 피 한 방울
흘릴 줄 모르는 냉혈한으로
이라크 끔찍한 전쟁 소식에도
저만 그저 무덤덤할 뿐이었지요
열악한 곳에서 허덕이는
불우한 이웃들의 눈물겹고
안타까운 사연같은 건
아예 못 본 체 못 들은 척
시치미 뚝 떼기만 했지요
아이들만은 날 무척 좋아하니까요
세상을 떠나는 날에야 비로소
반성하며 눈물 흘리는
사람과 똑같은 눈사람입니다.

징검다리 — 셋

세상사 엿보기

기 도
—천안함 침몰 참사 소식을 접하며—

제발 살아만 있어 다오

간절한 어미의 기도가
하늘에 닿기를 빌 따름이다
애절한 어미의 간구가
천지신명께 전해지길 바라고 바랄 뿐이다
네가 생명을
부지하고만 있다면
시시각각 시커멓게
애간장 타들어간다 하더라도
얼마든지 이 어미는 기다리마
행여 가슴에 아들을 묻는
기구하고 박복한
어미가 된다는 끔직한 일은
상상할 수도 없고 죽기보다 싫다

세상에 하나 뿐인 아들아!
다른 효도는 내 바라질 않으마.

청화백자

날 저문 강가에 서면
사라진 님 바라보며
피울음 울다 지쳐
비상하는 새들과 만난다

더 이상
참을 수 없노라며
모두 떠나버린
텅 빈 갈대 숲.

세월을 갈무리한
강물은 말이 없는데
댓잎에 실려 온
회한과 슬픔의 조선 여인

정화수에 적신
새하얀 보름달로
그 누가 이리 함초롬히 빚어
바라보게 하였는가.

팽 이

더 거칠게 다루어 주실 분 안계신가요
화끈하게 다뤄 주실 분 없으신가요
맷자국 선명하게 채찍 휘둘러
흥분의 도가니로 이끌어 주세요
저는 끝없는 황홀경에 빠지려면
두들겨 맞아야 생기 도는 체질인가 봅니다
애처롭다 생각 말고 아주 거칠게,
뜨겁게 야성적으로 다루실 분 어서 오세요
공연한 동정심 필요 없어요
조심스레 다루면 풀 죽어버립니다
이런 나를 보고 쑥덕이지만 이상체질 어찌합니까
노예처럼 서늘함 두 배로 느낄 수 있게 때려주세요
예민한 성감대 강렬하게 자극해야
짜릿한 오르가즘 느껴지는 걸 어쩝니까
야만스럽고 우악스럽게 애무해
온몸에 시퍼런 멍자국 투성인 사디스트처럼
그런 저의 운명 어떡합니까
흥분 오래오래 맛볼 수 있도록
더욱 야만적으로 다뤄주실 분
날이면 날마다 찾고 있습니다.

나는 금을 싫어한다

언제부터인가 금에 대한
심한 알레르기 증세가 찾아왔다
물욕이 없거나 부자라 그런 건 아니다
새로 지은 주택이나
신축된 고층 아파트 내벽이
얼마 지나지 않아 금이 가는 걸 보면
심한 현기증과 막연한 분노가 섞여
울컥 가슴에서 화가 치밀어 오른다

가난한 사람 부유한 자
못 배운 사람 배운 자
못 생긴 사람 잘 생긴 자
출생 지역 출신학교 등을 가로막는
너와 나 사이에 보이지 않게 그어진
무수한 금 금 금이 나는 정말 싫다

그중에서도 한민족을 갈라놓은
가는 허리에 쳐진 저 붉은 휴전선 금이 제일 싫다.

숭례문을 그리며

곱고 단아하던 단청
하늘 향해 날아오를 듯
솟은 멋진 누각, 삽시에 화마가 삼켜버렸다
관리 소홀 부서 누굴 문책했을까
형체를 알아볼 수 없던
국보 제1호 잿더미 앞에서
외국인들은 사진까지 찍어갔다

솟구치는 불길
숭례문보다 자긍심이 탔고
역사적 위용과
조상님의 자존심이 탔다

속절없이 와르르
비명으로 무너져
소중한 추억들도
모두 함께 재가 됐다

타락한 시대의
몹쓸 방화범은 그가 아닌 우리들이다.

자명고

창밖엔 꽃비가 내린다
어둠을 하얗게 지워가는 손
아직은 미명이다

밤새워 침묵한 물상들이
일제히 눈을 뜨고
연신 셔터를 눌러댄다

가로세로
원고지 칸칸마다
지은 집들이 와르르 허물어진다

안개를 헤치는
평원의 말발굽 소리
가슴속 북을 향해 달려온다

핏물에 적셔
언젠가는 꼭 한 번
힘껏 두들기고야 말리라

둥 둥 둥 둥.

그 황금바다에 무슨 일이 있었나

아스팔트 갓 깔았을 때
풍겨나는 독가스가 코를 찔렀다
진한 악취에 머릿속이 혼미했다
기름 덩어리와 찌꺼기가
끊임없이 파도를 타고 백사장으로 밀려왔다
기름막이 햇빛에 반사되어
바다는 그 와중에도 무지개를 펼쳤다
할아버지와 할머니는 삽으로
아버지와 어머닌 양은그릇으로
아들과 딸은 비닐장갑으로
엉긴 덩어릴 거푸거푸 양동이에 담았다
손자손녀 앙증맞은 고사리 손들이
기름천지 바닷물에 흰 흡착포 흔들면
새까맣게 탄 어민들 가슴처럼
삽시에 시커먼 헝겊으로 변했다

순박한 꿈과 희망의 소중한 생활터전
태안 바닷가 노닐던 갈매기들과
조개들 합창소리, 풀피리도 멎었다.

매미의 발언

무엇이 그리 원통하냐고
무슨 응어리진 한과 설움 그리 많아
동트기 전부터 통곡하냐고 묻는다 인간들이,
그만 지치니까 서산 넘는 해를 따라 가라고
겨운 표정으로 배 고프냐 왜 우냐
불쌍하다고 동정해댄다 인간들이,
우리들 즐거운 노래 소릴
넋두리나 울음인 줄 알고 시끄럽다며
불평해댄다 우리가 인간인 줄 알고,
몰염치하고 치사한 속내 감추고
음흉 떠는 너희보다 훨씬 즐거운데 말이다
십 년 동안 굼벵이 탈 쓰고
어둠 속에서 살 수 있겠느냐
일주일 지나 보름을 못참고
구박해 대는 인간들아

너희와 우리들 마찬가지 목숨
죽음 앞에서도 당당한 우리가 부럽지 않느냐!

영혼의 승리자

열한 살 무렵 학교가 파하고
건널목을 건너가던 중에
쫓기듯 황급히 덮쳐오는 덤프트럭에 치어
한쪽 다리를 심하게 다쳐 절단한 그는
학교 다니기가 죽기보다 싫었다
쩔뚝발이란 조롱의 시선을
고스란히 감수하며
천대와 멸시를 묵묵히 견디어 냈다
고교 3년간 수업이 끝나면
곧장 헬스장으로 쩔뚝이며 달려갔다
어금니 깨물고 열심히 헬스장에서 몸을 가꿨다

내 기필코 언젠가는 성한 너희들보다
굳세고 늠름한 몸 뽐내고야 말리라!

피눈물 나는 노력 끝에
멀쩡한 육신 가진 실패자들 보란 듯이
강한 신념 굳건히 지켜 우승패보다
더 값진 영혼의 승리 상을 덤으로 하나 더 받았다.

산아제한 여파

나도 형이나 오빠가 될래요
나도 언니나 누나가 될래요
나중엔 고모나 이모가 될래요
나중엔 큰아빠나 외삼촌이 될래요

너무
외롭고
쓸쓸해서
정말 나 혼자는 싫어요.

종착역

일흔셋의 큰 형님은
눈을 제대로 감지 못하셨습니다
아흔셋의 노모를 모시지 못하고
저승길 먼저 가는 일
한없이 송구하셨나 봅니다
불효의 죄책감 벗을 길 없어
안타깝고 죄송한 마음에
발길이 영 떨어지질 않으셨던가 봅니다

뒤에 남은 노모를
앞세운 장남이 밟혀
살아도 사는 게 아니라며
고통만 끌안고 지내시다가
죄 많은 몹쓸 어미라고
눈물로 밤낮을 지새우시다가
아들 찾아 훠이훠이
학처럼 날아 가셨습니다

가는 길에는
앞뒤 없다 하지만

역에서 어머님을 마중하셨을 테니

형님 천국 역 모자상봉은 기쁘셨나요

불효자는 웁니다

뒤늦게나마 효도하려 했는데
끝내 미덥지 않으셨는지요
더 이상 부담 주고 싶지 않다고
그리도 먼 길 서둘러 가셨습니까
누런 베적삼 한 벌 걸치시고
말없이 훌훌 그리 떠나가십니까
자식이 앞서 떠나면
당신
가슴속 깊이 묻는다 말씀해 놓고
어쩌지 못한 풍습에 끌려
망연히 어머님을 묻고
산을 쓸쓸히 내려왔습니다

남겨진 뒤에야
못난 자식 홀로
참회와 속죄의 피울음 삼킬 따름입니다.

마지막 그 한마디

억울타!

유언이다
가장 간결하고
여러 가지 의미를 내포한
내겐 남달리 의미심장한 말이다
가정의 행복 위해
당신의 편안함 모두 버리고
헌신했던 분이라
이 짧은 말이 더욱 가슴 아린다

하고 싶은 말 얼마나 많았을까

열악한 환경 속에서
알뜰살뜰 정성만 바치다가
되돌려 받은 것이라곤 회한의 73년 세월.
조금 살 만하면 간다더니
짧은 말로 자서전만
남긴 채 떠나간 나의 형수님.

누님이 싫습니다

누님!

저승길 무에 그리 좋아서
돌아보지 않고
종종걸음 서둘러 황급히 가시나요
어머님이 그렇게 보고 싶으셨나요
내 곁으로 어서 빨리 오너라
손짓하시던가요
매형이 참을 수 없다고
초대장을 보내오셨나요?

막내 동생,
홀로
누님 마지막 길에
쓴 소주만 연거푸 들이킵니다

지지리도 못난 동생
취중진담 한 마디 하겠습니다

가신
큰누님 너무나 밉습니다.

누구를 막론하고

온통 깜깜하기만 하다
칠흑 같은 어둠이다
외부의 모든 것으로부터
철저하고 완벽하게 절연되었다
앞뒤, 위아래
어딜 둘러보아도
탈출구는 보이지 않는다
무작정 뒤로 꽁무니를 뺄 수도
무턱대고 앞으로 나갈 수도 없다
아래로 꺼질 수도
위로 솟을 수도 없다
옆으로 몰래 도망쳐 나가볼까
뛰쳐나갈 틈이라곤 없다

누구를 막론하고
언젠가는
외롭게 혼자서 맞아야만 될
들어가면 나올 수 없는 막다른 문(門)

그 안에서 부르는 죽음의 소리.

이삭줍기

- 1 -

수석과 송죽 그리고 달은 풍류시인 윤선도가, 푸른 계곡 물과 동짓달은 송도삼절 황진이가, 금잔디와 산유화는 민중시인 김소월이, 하늘과 바람과 별은 영원한 청년 시인 윤동주가, 광야와 청포도는 저항시인 이육사가, 거울과 꽃나무는 천재시인 이상이, 푸른 오월과 목이 길어서 슬픈 사슴은 여류시인 노천명이, 깃발과 바위와 파도는 생명파시인 청마 유치환이, 파랑새와 보리피리는 불운의 시인 한하운이 거두어 가고......

촛불과 청산은 목가시인 신석정이, 새와 마을은 순수시인 박남수가, 목마와 숙녀는 요절시인 박인환이, 청노루와 나그네는 청록파시인 박목월이, 들국화와 춘향의 마음은 미당 서정주가, 민들레와 몽당연필은 수녀시인 이해인이, 접시꽃과 암 병동은 슬픈 사랑의 시인 도종환이 거두어들이고.......

- 2 -

화가 밀레에게는 양치는 소녀와 만종을, 다빈치에게는 모나리자의 미소를, 모네에게는 수련을, 마티스에게는 사과를, 반 고흐에게는 까마귀와 보리밭을, 단원 김홍도에게는 갖가지의 풍속도를, 청전 이상범에게는 산수도를, 이중섭에게는 황소와 어린이를 빼앗기고……

- 3 -

첫사랑과 이별은 서양의 시성(詩聖) 괴테에게, 술과 달밤의 정취를 동양의 시선(詩仙) 이태백에게, 장미꽃과 기도하는 마음을 릴케에게, 낙엽과 눈〔雪〕은 구르몽에게, 삶에 대한 분노는 푸시킨에게, 소라껍질과 바다 소리는 장콕도에게, 초원의 빛과 무지개를 워즈워드에게, 미라보 다리의 낭만과 비둘기는 아폴리네르에게, 당나귀를 프랑시스·잠에게, 가을의 노래를 베르네르에게 건네주고……

\- 4 -

김삿갓, 정철, 정지용, 오상순, 구상, 김동영, 조지훈, 이호우, 박두진, 조병화, 한용운, 이영도, 홍윤숙, 김남조, 김지하, 김악……

두보, 헤르만 헷세, 셀리, 사포, 엘리어트, 하이네, 로제티, 랭보, 타고르, 보들레르, 테니슨, 브라우닝, 발레리, 바이런……

미켈란젤로, 램브란트, 고갱, 샤갈, 피카소 등이 그 나머지마저 모두 거두어들이고 난 뒤 벌판은 허허롭기 짝이 없다.

\- 5 -

추수 끝난 빈 벌판에서 그들이 흘리고 간 이삭 나부랭이라도 줍기 위하여 해질 녘에 뒤늦게 어슬렁거리며 찾아 헤매는 게으른 농부인 나.

절필(絶筆)

화양구곡에서 우암 송시열 선생님께서 조용히 타이르시던 말씀

- 第 一 信 -

화양 계곡 물이 흘러 내려오는 위쪽에서 골재채취 작업을 하고 있는 건 아닐세 시멘트 공장이 들어선 것도 분명 아니네 그렇다고 생활폐수가 흘러들어오는 것도 아닌데 계곡 물이 자네 눈에는 희뿌옇게 보인다고 했던가 신라의 이차돈이 순교할 때 목에서 흰 피가 솟구쳤다고 전해오는 말이 다분히 종교적 의미를 내포한 말이란 것쯤은 아둔한 자네도 어느 정도 눈치 챘으리라 믿네 깊은 산 계곡 물이 자네 눈에 우윳빛처럼 뿌옇게 보였다면 자네 심성이 그만큼 맑지 못한 탓이거나, 사시처럼 사물의 초점 제대로 맞추지 못하는 좋지 않은 시력 탓 때문일 걸세 무엇보다 평소에 일부러 사물의 정면을 바로 바라보지 않으려고 하는 이상한 성향과, 정작 보아야 할 부분은 아니 보고 보지 말아야 할 부분을 보려고 하는 왜곡된 버릇 때문일 걸세.

- 第 二 信 -

지금까지 자네가 쓴 글들을 읽어보면 쓰는 재주와 언어 다루는 솜씨도 별로 신통치 않을 뿐만 아니라, 공연히 읽는 사람들 눈과 마음만 어지럽히고 피곤하게 하는 영향이 상당히 미칠 것 같으이 주변에서 마주치는 사물이나 사연을 보고 겪으며 느낀 것에 대해 그냥 건성으로 붓이 가는 대로 아무렇게나 쓴 글을 시라고 하기엔 좀 그렇지 않은가 정성을 기울여 적절한 언어를 골라 감정을 절제하고 함축적인 표현으로 누가 읽어도 공감이 가는 글이어야만 할 걸세 시를 읽는 사람들로 하여금 적어도 입가에 가벼운 미소와 함께 가슴에는 잔잔한 감동의 물결이 일렁이게 해야 하지 않겠나 자네의 글은 너무 주관에 흐른 나머지 읽는 이들에게 아무런 감흥도 불러주지 못할 뿐더러 정제되지 않은 날말로 가득 찬 잡문에 불과할 뿐이라네.

- 第 三 信 -

여보게! 다소 때늦은 감이 없는 건 아니지만 미망에서 헤매는 자네 자신은 물론 자네의 설익고 시답잖은 글을 아무 것도 모른 체 어쩔 수 없이 읽어야 하는 선의의 피해자들이 더 이상 생기지 않도록 하기 위해서라도 용기를 내어 이쯤에서 슬며시 붓대를 내려놓지 않으려나.

—제1회 문학의 밤을 다녀와서—

* 화양구곡(華陽九曲) : 속리산 국립공원, 충북 괴산군 청천면 화양리 도명산 일대 화양 계곡의 아홉 군데 빼어난 경관으로 우암 송시열 선생께서 명명함.

징검다리—넷

사랑학 개론

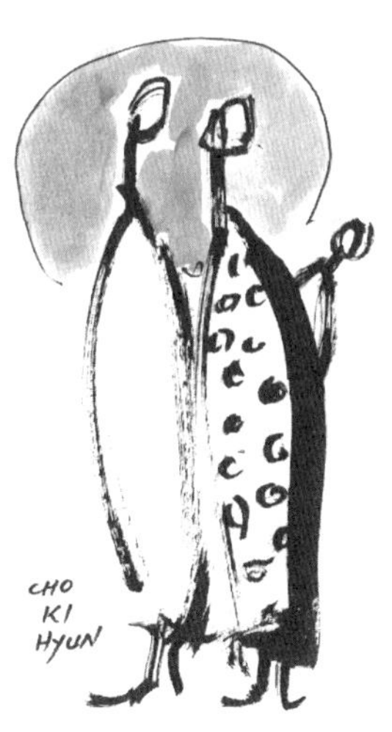

사랑의 인내

신음소리나
비명을 지르지 않으리라

사랑하는 그대의
곱고 아름다운 영상이
어느 순간 총알처럼
가슴 깊숙이 뚫고 들어와
내 심장 한복판에 박힌 그날부터
비록 가슴은 찢어질 것처럼
극심한 통증으로 욱신거릴지라도
참아내야만 하리라.

사랑의 처방전

그대가 날 사랑하고 있을 때만 아니라
　　　아름답고 사랑스러울 때만 아니라
　　　기쁘고 즐거울 때뿐만 아니라

나는 항상 그대 곁에 맴도는 그대만의 그림자이고
　　　싶다

그대가 날 필요로 하지 않아도
　　　나의 눈과 귀는 그대의 눈과 귀 곁에
　　　나의 코와 입은 그대의 코와 입 곁에
　　　나의 손과 발은 그대의 손과 발 곁에

내 마음은 그대의 마음속 한가운데 영원히 머물고
　　　싶다.

사랑의 낙관(落款)

높푸른 하늘 바라볼 때나
아름다운 꽃을 마주 대할 때나
사랑하기 전에는
아무런 감흥이 일지 않았는데
연이어 감탄사를 토해 내게 하는
그대는 나에게 나는 그대에게
감성을 변화시키는 강렬한 느낌표

그대는 나에게 나는 그대에게
서로의 인생에 있어서 영원한 알파와 오메가

명성이 자자한 문필가가 쓴 글씨라도
유명한 화가가 그린 그림일지라도
그들의 낙관이 찍혀 있어야만
비로소 작품의 진정한 값을 인정받듯이
그대는 나에게 나는 그대에게
삶의 의미를 더욱 빛나게 하는 낙관입니다.

사랑의 그대가 곁에 있어

찬란하게 솟아오르는 태양, 푸른 하늘에 피어오르는 뭉게구름, 싱그러운 숲에서 즐겁게 지저귀는 새들, 석양에 은빛 비늘 반짝이며 수면 위로 튀어오르는 물고기들, 어두운 밤하늘에 영롱하게 빛나는 달과 별들, 겨울에 소담스럽게 쌓인 눈송이들, 가을에 형형색색으로 카드를 펼치는 단풍들, 여름에 시원하게 퍼붓는 소나기, 봄에 품평회를 여는 아름다운 꽃송이들, 그저 모든 평범한 자연까지 내게는 그대가 곁에 있음으로 해서 비로소 눈에 들어오고 다양한 느낌으로 다가오고 정겹고 소중한 빛으로 걸어 들어오네.

사랑의 대답

그대를 사랑하냐고
진지하게 물어온다면
사랑하지 않는다고 선뜻 대답하리라

정말 사랑하지 않느냐고
정색하며 되물어도
진정 사랑하지 않는다고
망설이지 않고 서슴없이 대답하리라

지난밤에도 사랑하지 않았냐고
토라진 채 물어와도
퉁명스럽게 물어와도
사랑한 적 없다고 냉정하게 대답하리라

예전 베드로처럼 세 번씩이나
완강하게 부인한 이유는
그대를 진정으로 사랑하고 있기 때문에

사랑의 고해성사(告解聖事)

그대를 사랑하는 까닭은
그대의 고운 마음씨 때문이 아닙니다
그대의 아름다운 모습 때문도 아닙니다
그대를 향한 나의 사랑은
일시적이거나 세월이 흐르면
쉽게 변해버릴
그런 가벼운 사랑이 결코 아닙니다
그대가 나를 사랑하는 만큼만 사랑하거나
그대가 외면하면
덩달아 식어버리는
그런 얄팍하고 옅은 사랑도 아닙니다
내가 그대를 사랑하는 까닭은
영혼 깊은 곳까지
진실로 맞닿기 때문입니다
지상에서뿐만 아니라
그럴 수만 있다면 먼 훗날 천국에 가서도
오직 그대만을 영원토록 사랑하기 위해섭니다.

사랑의 전생여행

- 1 -

그대는 북극의 설원에 쌓여 있는 눈처럼 맑고 고운 정령을 가진 수녀, 나는 활활 타오르는 모닥불처럼 뜨거운 정령을 가진 신부였다네 달밤에만 피는 달맞이꽃처럼 몸과 마음 다 바쳐 수도원에서 오로지 신실한 신앙에만 파묻힌 그대와 성당의 신부로서 만인구원을 설파하던 내가 어느 날 길거리에서 우연히 마주친 순간, 내 눈과 마음이 멀어 그 자리에서 신부라는 본분을 팽개치게 되었다네 용광로같이 들끓는 가슴으로 그대 앞에 다가선 내 예사롭지 않은 시선을 의식하고는, 어찌할 바를 모르는 한 마리 사슴처럼 떨고 있는 그대를 유혹해 나의 사랑만으로 행복해하는 여인으로 전락시키고 말았다네.

- 2 -

사랑과 행복이 넘치는 가정을 이루고 남들이 시샘할 만큼 다정했지만 세상의 빛과 소금이 되라는

애초의 소명을 저버린 우리는 하나님으로부터 영원히 구원받지 못했기에, 끝내 그대는 버림받은 수녀로 나는 파문 당한 신부로 낙인 찍혀 삶을 마감하였다네 이승에서의 생을 마감한 후 지옥에서는 유황불에 휩싸이는 벌을 받다가 몇백 년 뒤 다시 같은 나라에 태어나게 되었고 전생에서 천사가 될 뻔했던 그대를 타락시킨 죄 값으로 나는 그대에게 그때의 빚을 되갚아 나가고 있는 중이라네.

사랑의 의미

늘 함께 한다는 것이 아니다
가까이 있을 수는 없지만
항상 서로를 그리워하고
모습을 그리며 행복해 하면
사랑이 샘물처럼 고인다

언제나 함께 동행한다는 것이 아니다
설혹 몸과 마음은
멀리 떨어져 있어도
나 보다는 상대를 존중하고
어루만져 감싸 안는다

언제나 그리움의 풍선을 하늘 높이 띄우는 일이다
기쁠 때는 기쁜 대로
슬플 때는 슬픈 대로
한결같은 마음으로
서로의 맑은 영혼끼리
부르는 아름다운 영혼의 교향곡이다.

사랑의 공식

사랑에는 덧셈이 필요 없습니다
　　　　빼셈이 필요 없습니다
　　　　곱셈도 소용 없습니다

사랑에는 다만
나눗셈이 필요할 뿐입니다

사랑의 기본 셈법은 나누기입니다
기쁨과 즐거움 서로 나누고
슬픔과 괴로움은 나누어 갖는 것입니다
사랑의 묘약을 마시면
나눗셈밖에 모르는 바보가 됩니다
비록 하찮은 것일지라도
받을 때보다 줄 때가
더욱 기쁘고 즐거워지는 희한한 바보가 됩니다

지상에서 가장 행복한 계산법입니다.

사랑의 죄

쿵쾅! 쿵쾅!! 쿵쾅!!!
쿵쾅!!!! 쿵쾅!!!!! 쿵쾅!!!!!! 쿵쾅!!!!!!!

왜 그대 앞에만 서면
소년처럼 얼굴은 붉어지며
심장은 쉴 새 없이 마구 뛸까요

두근두근!!!!
두 근 반!!! 세 근 반!!!!

왜 그대 모습 떠올리면
소년처럼 눈시울이 붉어지고
가슴이 자꾸 벌렁거리는 걸까요

오직 그대를 사랑하는 죄밖에 없는데

사랑의 진화

그대 고운 목소리와 웃음소리
숨소리와 발자국소리
겨우 듣는 가련한 청각장애자입니다
그대 아름다운 모습 겨우 볼 수 있는
기구한 시각장애자입니다
그대 이름만 더듬더듬 부를 수 있는
어눌한 언어장애자입니다
그대 향긋한 체취 겨우 맡는
선천성 후각장애자입니다
그대 생각과 그리움으로
낮이나 밤이나 가득 찬
내 머리와 가슴이
분명히 정상 아닌 듯 싶습니다

이러다가 모든 기능이 퇴화되어
누워만 있는 쓸모없는
식물인간 되면 저는 어떡합니까.

사랑의 상비약

괴로움, 슬픔, 외로움
잿빛 색감으로
켜켜이 쌓인 채
그대를 가위로 짓누르고 있는 고통
나누어 짊어지는 일이라면
우람하고 듬직한 어깨와 등을 준비하리라
그대가 나에게 코뚜레를 뚫어
가파르고 험한 길로
고삐를 끌고 간다 해도
그 길이 정녕 그대 원하는 길이라면
묵묵히 그대와 함께 걷기 위해
건장하고 다부진 다리와 팔뚝을 준비하리라
가다가다 지쳐
그대가 힘겨워 하거나
지쳐 쓰러진다면
따뜻한 손길과 넓고 포근한 가슴을 준비하리라

그대의 눈망울에서 슬픔의 눈물이 마를 때까지
그대가 눈망울에서 기쁨의 눈물이 흐를 때까지

징검다리－다섯

물구나무서서 바라본 유럽 배낭여행기

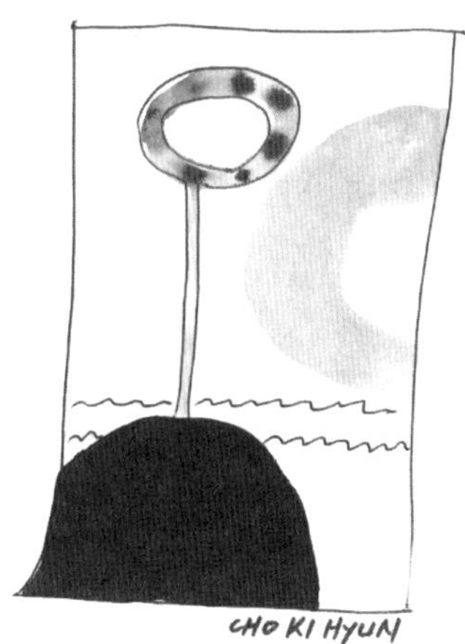

도돌이표를 지울 수는 없을까 : 영국 편(4-1)

중국이 자랑하는 어마어마한 만리장성이나 이집트의 거대한 피라미드는 한결같이 타민족을 노예로 삼거나 아니면 자민족의 무고한 서민계층을 강제동원하여 노동력을 착취하며 얻은 부산물들, 세계 곳곳에 유니온 잭의 깃발을 휘날리며 고군분투한 자취가 대영제국 박물관에는 바이킹이었던 조상들이 옛 식민지로부터 무력으로 약탈했거나 파렴치한 도굴을 했거나 우격다짐으로 헐값에 사들인 것들로 가득 쌓여 있었다

있었던 자리에 자연스럽게 보존되었더라면 더욱 빛났을 인류공유의 찬란한 문화유산—총칼로 무지막지하게 강탈한 전리품—을 천연덕스럽게 전시해 놓은 몰염치야말로 그럴듯한 명분으로 위장해도 용서받지 못할 명백한 범죄행위임에 틀림없다 예나 지금이나 인류 역사는 지배계층이 아닌 일반 민중의 손에 의해 하나하나 다져진 기록일진대 어떤 이유로 광폭한 지배자의 명령에 따라 함부로 재단된 채 온통 어두운 면만 부각되어 있었다 오늘 이 순간에도 강대국에 의해 약소국들은 무참히 능멸 당하고 있는 현실이 서글프다.

흑인 -인류의 조상- : 영국 편(4-2)

이분법에 철저했던 서구문명의 잔재인 2층 버스는 영구 보존할 가치가 있는 역사적 유물이다 야누스의 양면성을 그대로 드러낸 움직일 수 없는 상징물인 2층 버스가 보란 듯 버젓이 활개를 치며 놀랍게도 런던 시내를 질주하고 있었다

극도로 인종 우월주의 함정에 빠져 흑인들을 강제로 데려와 종으로 마구 혹사했던 지난날, 위로 올라가는 작은 불편과 수고를 피해볼 심산에서였는지 알 수 없으나 무개차인 2층 버스에 흑인들을 태우고 주인 행세하며 아래층에 편안히 앉아 너털웃음을 지으면서 점잖은 모습으로 자유와 평등을 논하고 있었다

정작 노예라 업신여기며 천대하던 흑인들이 대영제국의 선민들 머리 위에 앉아 먼 하늘을 바라보며 향수에 젖은 채 조금은 슬픈 듯 묘한 웃음을 지으며 두 발로 지그시 주인들의 정수리를 내리누르고 있는 환영이 설핏 보였다.

사랑의 불꽃은 활활 타오르는데 : 영국 편(4-3)

- 1 -

전 세계의 여성들로부터
선망의 대상으로
전 세계의 남성들로부터
동경의 대상으로 성가를 올렸던
영국의 왕세자비 다이애나
아름답고 기품 있는 그녀를
거들떠보지 않고
품격이 다소 떨어지는 미망인
신분인 카밀라 부인과
결혼 전부터 오랜 밀회를
즐겨오던 왕세자 찰스,
이를 빌미 삼아 맞바람으로
뭇 남성과 염문을 불태우다가
다른 나라 부호의 아들과
떳떳치 못한 애정행각에
끈질긴 파파라치를 따돌리려다
타국에서 비명횡사한 비운의 여인.

\- 2 -

미망인이었던 심프슨 부인과
세기의 사랑을 위하여
대영제국의 왕관을 벗어던지고
평범한 지아비로 돌아가
사별하는 날까지
오순도순 행복한 삶을 누렸던,
왕세자의 선조였던 윈저공.

\- 3 -

오백년 전 영국에서
신실한 신부였던 내가
학을 닮은 수녀와
금단의 사랑을 나누다가
파문당한 뒤
행복한 가정을 이루고 살았던,
아련한 내 전생의 기억이 함께 어루어진다.

유로스타에 몸을 싣고 : 영국 편(4-4)

\- 1 -

많은 불후의 명작으로 후세에 명성을 떨친 세익스피어, '천로역정'의 존 번연, '유토피아'의 토마스 모어, '율리시즈'의 J · 죠이스, '실낙원'의 존 밀튼, '크리스마스 캐럴'의 CH · 디킨즈, '보물섬'의 스티븐슨, '걸리버 여행기'의 J · 스위프트, '채털리 부인의 사랑' 로렌스, '살로메'의 오스카 와일드, 자매작가인 '제인에어'의 C · 브론테, '폭풍의 언덕' E · 브론테, '페이터 산문'으로 잘 알려진 W · 페이터, '엘리아의 수필'이란 감동적인 수필집을 편 차알스 램, "주님의 부르심 받더라도 죽어서 더욱 사랑하리라"고 여섯 살 연하인 남편에게 속삭였던 시인 E · 브라우닝, '초원의 빛'과 '무지개'의 계관시인인 워즈워드, 언어의 '황무지'를 개간한 T · S · 엘리어트, '이니스프리로 가리라'는 시로 우리에게 친숙한 예이츠, 불구의 몸이었지만 대표적인 낭만파 시인 바이런, 이탈리아에서 여행 도중에 익사한 불운의 시인 셀리, 스물여섯의 젊은 나이에 요절한 시인 키츠……

부슬비가 내리는 밤. 런던의 히드로 공항에 내려서는데 고명하신 문호들이 가을 빗방울이 되어 타고르가 예찬한 동방의 등불—코리아에서 찾아온 무명시인의 어깨와 등을 다정스레 감싸 안아 메마른 가슴을 촉촉하게 파고들던 유럽 첫 방문국인 영국.

- 2 -

'국부론'의 아담 스미스, '인구론'의 T · L · 말사스, '종의 기원'으로 유명한 박물학자인 찰스 다윈, 청년들에게 자기향상을 설파한 '자조론'의 스마일즈, '자유론'을 체계적으로 주창한 T · L · 밀, '경험론적 방법론', '베이컨의 수필집'으로 다방면에서 해박한 재능을 보였던 대학자이자 정치가인 프란시스 베이컨, '황금의 가지'란 저서로 잘 알려진 인류문화학자인 프레이저, 20세기 지성의 최고봉이라 불렸던 철학자 버어트런드 러셀, 열두 권에 달하는 방대한 저서 '역사의 연구'로 학계에 뚜렷한 족적을 남겼던 저명한 역사학자인 아놀드 · J · 토인비, 그밖에 사상가이자 철학자인 토마스 홉즈, 존로크, G · 버클리.......

자욱한 안개 속을 헤치며 기라성 같은 거목들이 영국을 방문하고 도버해협을 건너 프랑스로 떠나려는 나를 향해 다가온다. 미소를 잃지 않고 이런저런 형이상학적인 담론을 두런두런 주고받으며 워털루 역에서 유로스타를 기다리는 내게 잘 가라고 손수건을 건넨다.

* 유로스타(Euro-star): 1993년 개통한 초고속 열차, 53km의 해저터널을 통과는 18분 걸리고 런던에서 프랑스 파리까지 세 시간 소요.

에펠탑 - 환상 깨기(記)와 부풀기(記)

: 프랑스 편(9-1)

- 1 -

환한 대낮에 올려다보면
그저 십오만 개의 철제 부품들이
이백오십만 개의 나사에 의해 조립된
칠천 톤의 육중하고 거대한 구조물에
지나지 않는 흉물스럽기만 한 파리 에펠탑

시내 중앙에 세워질 것이란
황당 계획안이 섰을 때
미관을 크게 훼손시킬 것이라며
시민의 반대에 부딪쳐야 했던 에펠탑

우여곡절 끝에 완성되자
베를렌느는 일부러 길을 돌아다니고
모파상은 기념비를 돌려 세우게 했던 에펠탑

- 2 -

태양은 슬그머니 꽁지를 빼고

검은 복면 어둠이 기습을 해 오면
프랑스 국기를 상징하는
적, 청, 백색의 현란한 조명 듬뿍 받으며
농익은 자태 서서히 요염하게 드러내는 에펠탑

세느강의 유람선 바토무슈호에 올라
서늘한 강바람의 환대 속에서
술잔을 높이 드는 척 슬며시 훔쳐보는 사내들을
321m의 고혹적인 몸매를 뽐내며 유혹하려는 에펠탑

세느강의 휘황찬란한 불빛과 더불어
불타는 파리의 밤을 더 한층 환상적이고
낭만적인 세계로 빠져들게 하는
마력의 황홀한 에펠탑.

* 에펠탑(塔): 1889년에 프랑스 대혁명(1789년) 100주년을 기념하는 만국박람회를 위해 에펠이 설계하여 세운 탑.

베르사이유 궁전에서의 망중한

: 프랑스 편(9-5)

동양에 있는 진시황의 초호화판 아방궁 못지않게 방대한 서양의 루이 14세 베르사이유 궁전, 마치 경쟁이라도 하듯 사치의 절정을 대변하고 있었다 '왕의 광장' 중앙엔 그런 걸 반성할 기미조차 없는 거만해 보이는 루이 14세의 기마상이 마상에 버티고 앉아 이국에서 찾아오는 방문객을 내려다보고 있었다.

흰 대리석과 금도금으로 장식된 '성 루이 성당'과 무분별한 연회장소로 자주 선보였던 '헤라클레스의 방', 열일곱 개의 창문을 통해 들어온 석양빛이 오백칠십여덟 개의 거울에 반사되어 쏟아내는 경이롭고 아름다운 빛을 즐기며 흥겨운 가면무도회가 열렸던 '거울의 방' '왕비의 침실' 요란한 장식물로 치장된 제각기 다른 용도로 마련해 놓은 열네 개의 방은 호화로움의 극치를 자랑하듯 서로 위용을 뽐내고 있었다

넓은 평야 같은 궁전 뜰에는 기하학적 미가 두드러진 정원이 있고 푸른 잔디밭을 여러 갈래로 통하게 만든 가로수길이 있었다. '라톤의 샘', '넵튠의 샘'이라 불리는 분수와 네 말이 끄는 황금마차를

탄 아폴로의 모습으로 시원스레 물줄기를 뿜어대는 '아폴론의 샘' 분수가, 각종 희귀한 관상어가 노니는 연못이 정교하고 아름답게 조화로운 구도를 이루고 있었다

궁전 정면 멀리에는 미학적으로 잘 다듬어 놓은 인공호수가 노을빛에 취해 나른한 듯 비스듬히 드러누운 자세로 망중한을 즐기고 있었다.

뜻밖에 만난 여인-시몬느 베이유

: 프랑스 편(9-6)

세상의 어둠을 밝히는 촛불과 횃불 같은 여인
더불어 사는 세상을 위해
고뇌하고 행동하는 천재 여인

모순과 부조리로 가득 찬 세상과 맞서
양심에 따라 격렬하게 부딪치다
불꽃처럼 스러져간 자유와 평등을 사랑한 여인
일생을 불우하고 소외된 이웃과 고통을 함께하며
신과 진리를 찾는 험난한 순례의 길을
향해 청춘을 모두 바치고 끝까지 걸어갔던 여인

사회모순에 대한 투쟁,
수탈당하는 노동자에 대한 옹호,
1930년대 서구 일반적인 정치와
사회 분위기였던 파시즘에 대한 저항,
신을 향하여 영혼의 구원을 갈구하던 사색,
가난하고 약한 자를 위해 외길을 걸어갔던 여인

흐린 세상을 맑게 하는 물과 산소 같은 여인

그녀는 지성과 행동을 일치시킨 철학자였다.

* 시몬느 베이유(1909-1943): 파리 고등사범학교를 졸업, 잠시 철학교수 생활, 기득권을 포기하고 공장현장에 뛰어들어 노동자의 권익과 사회 모순 타파에 일생을 바친 행동하는 여성 운동가. '고뇌로 채운 내 젊은 날의 노트', '고독과 상실의 뜰을 지나', '내 영혼을 다 태워서', '누군가를 사랑한다는 것은' 등 총 14권의 저서를 남겼고 특기할 사항은 모두 다 사후에 출간되었다고 함.

대도박사 파스칼의 충고 : 프랑스 편(9-8)

젊은 날을 허송하고
뒤돌아보는 나는
멍청하고 엉뚱한 생각으로
많은 시간과 정열을 탕진했던
한심한 몰골로 뒷골목을 배회하고 있었다

승산확률이 전혀 없는 도박으로
밤낮 지새우며 다만
대박의 요행을 바라면서
피땀 흘리기엔 매우 인색했던
초라한 행색의 내가 환락가를 서성이고 있었다

여행 중에 꿈속으로 찾아온 희대의
도박사 파스칼의 충고를 기꺼이 받아들여
나의 남은 생을 모조리 걸고
마지막 도박을 결행키로 각오한다

"신이 있다는 쪽에 그대 인생을 걸라
만일 이기면 모든 것을 얻게 될 것이다
설령 진다 해도 잃을 건 아무 것도 없다
서슴치 말고 신이 존재한다는 쪽에 걸게나! "

레만 호수를 가슴에 담고 : 스위스 편(3-1)

인간의—특히 나의—상상력은 참으로 치졸하다
낮은 산자락에 포근히 둘러싸여
백조나 청둥오리가 한가로운 유영을 즐기며
고요가 넘쳐흐르는 한적한 레만 호수,
고정된 상식으로부터 배신당하는 기분이었다
내 눈앞에 펼쳐진 레만 호수는
바다와 자리바꿈을 한 것이 아닐까라는
착각을 불러일으킨 창망한 얼굴을 불쑥 내밀었다
심지어 허가받은 대형어선들까지 들어와
고기잡이를 하는 엄청난 규모에 놀랐다
거대한 알프스산맥의 완벽한 호위 속에서
추적추적 내리는 가을비
얼굴과 겨드랑이에 간지럼을 짓궂게 태워도
바람결이 지나가다가 슬쩍 시비를 걸어도
귀찮은 내색 않고 견디는가 싶더니

달콤한 낮잠에 파묻혀 꿈길로 떠나갔다.

융프라우 등정기 : 스위스 편(3-2)

- 1 -

융프라우는 자욱한 안개의 장막 뒤에 숨어 좀체 위용을 드러내지 않고 장엄한 모습으로 속계에서 멀찌감치 물러서 있었다 험준한 산세로 주변을 제압하며 사계절 내내 새하얀 만년설 속에서 심신을 가다듬고 서릿발 같은 기상을 조금도 흐트러뜨리지 않으려고 인간들의 선부른 범접을 허용치 않았다 무료하거나 심사가 뒤틀리면 계곡 사이에 꽁꽁 붙잡아둔 빙하를 슬쩍 보내 우렁차게 포효를 내지르게 하여 쌓였던 울분을 발산했다 마음 내키면 어머니 품속 같은 산자락으로 인간을 불러들여 스키를 타고 흥겹게 재롱떠는 모습을 즐기는 것도 같았다 이런 모든 시설이 사람의 두뇌와 손을 빌리기는 했지만 얼음동굴 속에 숨겨놓은 잘 다듬어진 동물 조각상과 얼음궁전에 비하면 미약하기 그지 없었다

- 2 -

융프라우는 그렇게 오랜 세월을 추상 같은 자존심을 한 번도 굽히지 않고 중부 유럽의 오지로 남

아 있었다 융프라우-요흐는 굳이 인간으로 비유하면 융프라우의 심장에 해당된다 영악한 사람들이 현대 문명을 앞세워 두더지처럼 융프라우 가슴에 굴을 뚫어 협궤열차로 안간힘 쓰고 기어 올라와 영산을 더럽혀도 묵묵히 관용으로 포옹했다 사람의 조름과 투정을 못이기는 체하며 언짢은 내색없이 태고의 비경을 하나 둘 내놓아 주며 인간들의 근접을 허용하는 마지노선을 나름대로 그어놓고 그들의 재롱을 적당히 받아주는 융프라우, 끝내 사람들의 불손함에 일정한 거리를 두고 손사래로 거부하며 장중한 모습으로 눈보라 속에 우뚝 서 있었다.

* 융프라우(Jungfrau)산: 해발 4,158km 유럽의 지붕이라 불리고 아이거(Eiger)봉과 뮌휘(Monch)봉 등 그 중에서 가장 높은 산봉우리.
* 융프라우-요흐(Jungfrau-joch)—해발 3,454m : 융프라우봉 중턱에 위치, 융프라우봉의 전진기지, 인터라켄 역에서 융프라우—요흐까지 이어지는 산악철도(융프라우레일웨이)가 1912년에 완공되어 운행되고 있으며, 최고봉 융프라우를 일반인들의 눈높이로 끌어내리는 선두주자.

영원한 스승 페스탈로치 전상서
: 스위스 편(3-3)

영원한 인류의 사표이신 스승님!
원-사이디드 게임에 흠뻑 빠져 헤어나올 줄 모르는
한심하고 어이없는 현 세태를 망연자실 바라보자니
스승님의 사랑으로 베푸는 참교육 더욱 그립습니다
승두지리에 쉽게 현혹되는 현실이 안타깝습니다
페이퍼 플랜이 아닌 인성교육이 절실한 요즈음
스산한 바람만 부는 을씨년스럽고 척박한 사회풍토
에서
탈피하려면 앞으로 우린 대체 어찌해야 합니까?
로봇처럼 향락과 허영이란 유혹에 빠져 조종되는
치기 어린 현대인들에게 하루빨리
전인교육이 이루어져 언제 어디서나
상대방을 배려할 줄 아는 너그러운 심성으로
서로 더불어 사는 밝은 사회로 이어지길 갈망해 봅
니다.

* 원-사이디드 게임(one-sided game): 한쪽의 일방적 승리로 끝나는 시합.
* 승두지리(蠅頭之利) : 대수롭지 않고 하찮은 이익
* 페이퍼 플랜(paper plan): 탁상공론(卓上空論)

피에타(Pieta) : 이탈리아 편(11-3)

엘리! 엘리! 라마 사막다니!
하나님! 나의 하나님!
어찌하여 나를 버리시나이까?

십자가에 못 묵묵히 박혀
극적인 최후를 맞게 되는 청년 예수

육신을 빌려 태어난 인간이었기에
마지막 숨을 거둘 때는 어쩔 수 없이
회한과 비탄으로 처절하게 외치면서
인간으로서는 나약하고 짧은 생을 마감하였다

끔찍한 못 자국과 선혈이
손바닥과 발등에 선명하게 남은
아들의 처참한 시신을 무릎 위에 올려놓고
비통한 모습으로 응시하고 있는 마리아

성모 마리아와 예수로서가 아닌
지극히 평범한 인간적인 모습을 한 모자상(母子像).

* 피에타 상(像): 미켈란젤로가 약관 24세 때 1년간에 걸쳐 완성한 대리석 조각상으로 유일하게 그의 서명이 남아 있는 작품.

콜로세움 : 이탈리아 편(11-6)

그리스 올림피아 동산의
원형 경기장을 본떠 건설된 콜로세움
한꺼번에 8만 명의 관객을 수용할 수 있는
4층으로 된 계단식 객석을 갖춘
엄청난 규모에 압도를 당하고 말았다
검투사들의 생사를 건 결투와
굶주린 맹수와 인간의 사투가 벌어지고
숨 막히는 혈전 속에서
권력자와 지배계층은 주연을 베풀면서
희희낙락하며 인간의 포악성과 잔인성을 즐겼던
잔혹하고 수치스런 역사의 무대, 콜로세움

인간이 어디까지 잔학할 수 있는가 보여주던 곳.

진실의 입 : 이탈리아 편(11-8)

오드리 햅번이 여주인공인 '로마의 휴일'에서 거짓말을 한 사람이 손을 집어넣으면 입을 닫아 손이 잘려 나간다는 '진실의 입'—바다의 신 트리톤의 얼굴을 새긴 커다랗고 둥근 동판—을 보기 위해 교회를 방문하는 여행객들은 유치한 줄 알면서도 애들이나 어른이나 할 것 없이 영화 속의 장면을 떠올리며 진실의 입에 손을 집어넣고 놀란 표정들 지으며 로마에서의 천진난만한 추억의 한 조각을 사진에 담고 있었다 진실의 입을 보고 난 날 밤에 손발이 잘려 나가고 혀가 잘려 나가 심장이 몽땅 들려 나간 흉측한 괴물로 변해 버린 자신을 만나는 악몽에 시달린 사나이, 가위 눌려 소스라치게 놀라 깨어 밤새도록 잠을 이루지 못해 로마에서의 하룻밤을 꼬박 뜬눈으로 하얗게 지새우면서 현실에서는 진실의 입 같은 끔직한 요물(?)이 없기에 그나마도 천만다행이라고 서늘한 간담을 쓸어내리며 안도하는 참으로 한심한 사나이가 있었다.

소매치기 예찬론 : 이탈리아 편(11-11)

어벙하고 미숙한 수준을 벗어나지 못한 내 서툰 소매치기 솜씨에 늘 못마땅했는데 소매치기들이 극성을 부린다는 유럽을 돌면서 그들의 본 고장 이탈리아인들에게 제대로 한 수 가르쳐 주기로 한다 좀스런 소매치기란 불명예를 감추고 떳떳하고 당당한 소매치기 강사가 되리라

우선 선한 곳간의 모자라는 수치를 채우기 위해 독하고 질박한 품성, 강직하고 담대한 성격, 근면을 잽싸게 소매치기해 빈약하고 허술한 내 인성을 가득 채우기로 한다 쓸데없이 오기 부리는 음험한 구석이나 비굴하고 천박한 성품과 탐욕 같은 것들은 하나도 남김없이 이곳 소매치기들에게 전수시켜 주고 예전의 소매치기였던 나를 아무도 모르게 땅속 깊이 암매장해 묻고 수치가 높아진 새 영혼의 나를 데리고 이탈리아 공항을 유유히 빠져 나가련다.

단 한 줄이라도 : 종합 편(28-28)

포도주를 신이 인간에게 준
최고의 선물이라고 예찬하였던
철학자 플라톤을 비방할 가슴은 없다
텁텁하고 시원한 한 사발의 막걸리 맛
불행히도 맛볼 기회가 없었던
그의 성급한 공언에 시비를 걸던가
반론을 펼칠 생각은 추호도 없다
술을 진정으로 좋아하는 사람 중엔
악독한 사람이 없다는 옛말 굳게 믿고
유럽인들에게 와인이 없는 일상은
해가 떠오르지 않는 하루라고 말하는
친숙한 술—포도주
굳이 신토불이 들먹이지 않더라도
품위와 분위기 찾으면서 비싼 안주
곁들여야 하는 밋밋한 포도주보다
김치나 멸치로도 만족한
우리나라 민속주인 막걸리나 동동주가
인생과 예술을 논하기엔 최고다
여행을 떠날 때 챙겨왔던
소주잔 기울이며 고국에 대한 내 마음이 뜨겁다

김삿갓처럼 한 잔 술에 우러르는 시 한 수
남길 수 있으려는지 또, 부대끼며 살아 보리라.

박귀근 시집
숲 속의 빈 터

초판 발행 2010 년 6월 20일

지은이 | 박 귀 근
펴낸이 | 윤 해 규
펴낸곳 | **을지출판공사**

등록번호 | 제 2-741 호
등록일자 | 1985 년 2월 14일
주 소 | 서울시 마포구 서교동 394-81 홍익B/D 3층
우편번호 | 121-840
전 화 | 02) 334-4050 · 4090
팩시밀리 | 02) 334-4010
E-mail : euljipub4010@hanmail.net

값 8,000원

ISBN 978-89-7566-107-5 03810